IL FAUT

UN

DROIT PÉNAL

DE LA GUERRE

DISCOURS DE RENTRÉE

prononcé

A L'OUVERTURE DES CONFÉRENCES DE L'ORDRE DES AVOCATS DE BORDEAUX

le 18 janvier 1877

PAR

LUCIEN DOLHASSARRY

AVOCAT

BORDEAUX

G. GOUNOUILHOU, IMPRIMEUR DE LA COUR D'APPEL

RUE GUIRAUDE, 11, ANCIEN ARCHEVÊCHÉ

1877

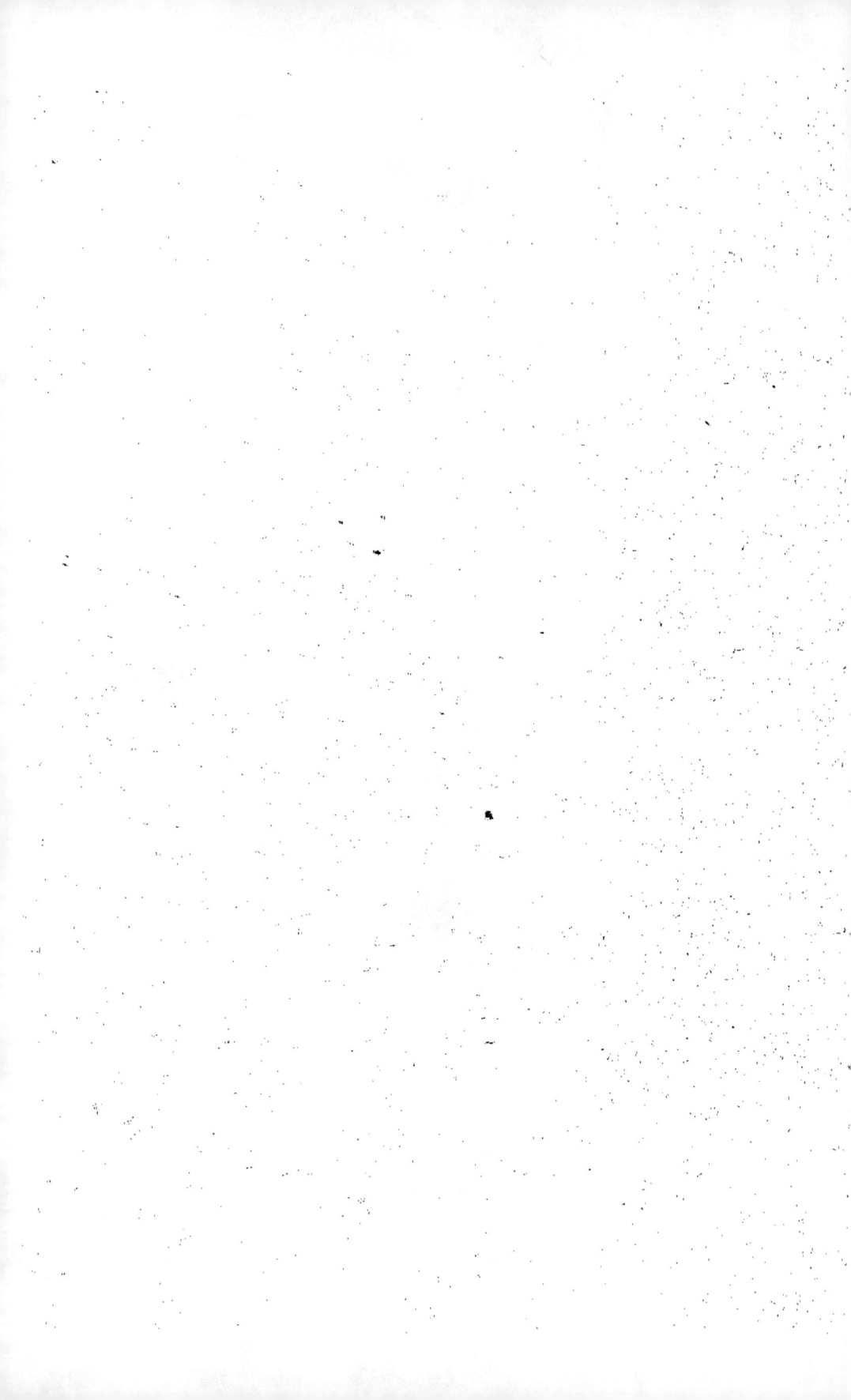

IL FAUT

UN

DROIT PÉNAL

DE LA GUERRE

DISCOURS DE RENTRÉE

prononcé

A L'OUVERTURE DES CONFÉRENCES DE L'ORDRE DES AVOCATS DE BORDEAUX

le 18 janvier 1877

PAR

Lucien DOLHASSARRY

AVOCAT

BORDEAUX

G. GOUNOUILHOU, IMPRIMEUR DE LA COUR D'APPEL

RUE GUIRAUDE, 11; ANCIEN ARCHEVÊCHÉ

1877

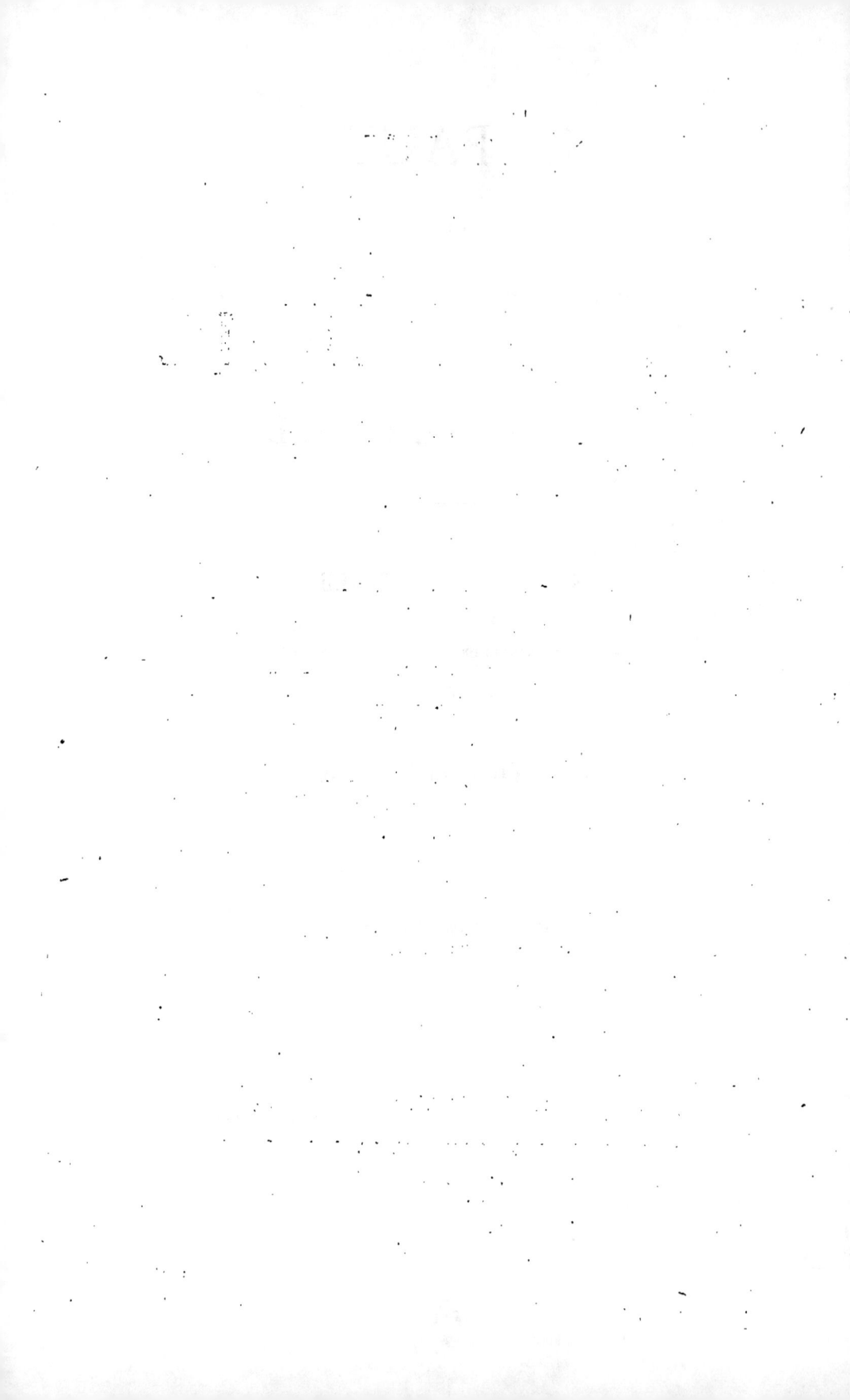

IL FAUT

UN

DROIT PÉNAL DE LA GUERRE

La guerre a lieu entre les États et
non entre les particuliers.

(BLUNTSCHLI, *le Droit international
codifié*, 530.)

MONSIEUR LE BATONNIER,
MESSIEURS ET CHERS CONFRÈRES,

En choisissant comme sujet de cette étude le droit
pénal de la guerre et ses rapports avec la funeste
invasion de 1870, je me suis heurté d'abord à bien.
des étonnements. Qu'est-ce que cette science nouvelle
en effet et qu'y a-t-il de caché sous ces termes à peu
près inconnus? Peu de choses jusqu'à présent, Messieurs,
en France une espérance seulement, et c'est ce qui
nous a fait penser que notre œuvre ne serait peut-être
pas absolument inutile. Le droit pénal de la guerre est
ce droit spécial qui doit régler les rapports d'une
armée d'invasion avec les populations des contrées
occupées; c'est lui et lui seul qui doit punir les
attentats des habitants contre les envahisseurs. S'il

eût existé en 1870, que de misères eussent été épargnées à ceux de nos frères que le sort des armes avait soumis à l'arbitraire allemand !

Mais ici l'étonnement se change en une sorte de sentiment de pitié dédaigneuse. Quoi, c'est de choses pareilles que l'on vient nous entretenir? Parler de réglementer ce qui, comme la guerre, n'est que rupture et débordement, invoquer le droit lorsque la force règne en dominatrice absolue, lorsque la voix du canon peut seule se faire entendre? Mais c'est véritablement faire œuvre de folie. Rêve et utopie que tout cela !

Non, Messieurs, le droit pénal de la guerre n'est pas une chimère, une imagination de quelques humanitaires dont le cœur aurait troublé la raison; il est né, il vit et réclame dans toutes les législations une place que les Allemands lui ont déjà accordée.

Il faut l'avouer, en effet, l'Allemagne ici nous précède, et ces réformes dont on semble encore en France ignorer l'utilité, l'opinion les a déjà, en partie du moins, imposées chez nos vainqueurs d'hier. Est-ce qu'ils ont compris, après les horreurs de la guerre de 1870 et la juste indignation qu'elles avaient partout provoquée, que l'arbitraire de chefs ivres de victoire et rendus furieux par les résistances est pour les populations des pays occupés un trop lourd et trop insupportable fardeau; ou bien, sachant la fortune inconstante et craignant des revers pour demain, ont-ils voulu provoquer, par l'exemple, des lois protectrices dont ils devront eux-mêmes profiter? Je ne le sais; mais, quelle qu'en soit la cause, les progrès sont là, vivante réponse à ceux qui voudraient nous traiter d'utopiste et prétendre qu'en pareille matière l'immobilité est une loi désespérante et fatale.

Ce que les Allemands ont fait, que l'humanité ne puisse pas nous reprocher de refuser de le faire à notre tour.

Je sais qu'il est des esprits qui pensent différemment. Ils entendent garder l'indépendance des représailles qu'ils espèrent, et pour un peu ils traiteraient notre œuvre d'antipatriotique et de prussienne. Nos ennemis se sont enchaînés, disent-ils; nous, restons libres! Pourquoi nous occuper désormais du droit pénal de la guerre? Quelle en serait pour nous l'utilité? Si de nouveaux désastres nous attendent, les lois allemandes nous protégeront; la fortune, au contraire, doit-elle enfin nous sourire et favoriser nos armes, que rien alors ne vienne entraver nos vengeances et que nos colères puissent se donner libre cours!

Raisonnement inhumain, paroles sauvages indignes d'une réfutation et qui ne serviront qu'à nous faire sentir plus vivement encore l'utilité de l'œuvre que nous défendons ici!

Mais qu'avions-nous besoin de démonstration nouvelle, la triste éloquence des faits de 1870 ne nous suffisait-elle donc pas?

Ces faits, Messieurs, plaideront avec l'autorité d'une vérité incontestable, car, sachant avec quelle réserve il faut les accueillir, je me suis fait un devoir de ne citer que des documents émanant de nos ennemis eux-mêmes. Cette concession m'est d'ailleurs facile, car, même ainsi réduit, notre champ d'examen est encore, hélas! trop vaste à notre gré.

Et maintenant nous pouvons, tout étonnement, tout préjugé dissipé, nous livrer à une étude dont l'utilité me paraît évidente. Je l'aborde réconforté et soutenu par les précieux suffrages de mes jeunes confrères, encouragé par cette bienveillante indulgence de nos anciens qui ne m'a jamais fait défaut et que je réclame surtout aujourd'hui.

Ce qu'est le droit pénal de la guerre, nous l'avons dit déjà et, sans revenir sur sa définition, nous aborderons de suite la première question qui se pose. Qui rédigera la formule de ce droit? qui promulguera ces lois? qui donc aura la force de les imposer à des armées victorieuses?

Si nous poursuivions ici, Messieurs, un but idéal, si nous ne redoutions par dessus toutes choses cette accusation d'utopie contre laquelle nous protestions tout à l'heure, nous n'hésiterions pas à répondre : Les nations seules, représentées par des mandataires spéciaux réunis en congrès, peuvent accomplir une telle œuvre, créer ce droit nouveau et lui donner une sanction efficace.

Notre ambition ne vise pas si haut, car nous savons quelles désillusions nous attendraient sur un pareil terrain. Déjà il y a peu d'années, en 1874, le souverain d'une nation amie, l'empereur de Russie, mû par un sentiment qui ne nous étonnera pas de la part de celui dont l'amour de la paix a peut-être sauvé notre existence nationale, avait provoqué la réunion de délégués des puissances européennes. Le but était noble et généreux : adoucir les rigueurs de la guerre. La conférence eut lieu à Bruxelles, mais

ses résultats ne répondirent pas à ce que l'humanité
pouvait en attendre. Les représentants des différents
gouvernements s'entendirent bien pour déterminer et
fixer les principales lois et coutumes de la guerre; ils
rédigèrent même un projet de déclaration interna-
tionale qui aurait été la loi des belligérants; mais
cette déclaration officielle des puissances nous l'atten-
dons encore, et les fruits espérés demeurent à
l'état de fleurs. Au point de vue positif, il n'y a
rien de fait.

Devant ce résultat d'une conférence réunie sous
d'aussi favorables auspices et qui devait, entre toutes,
avoir un événement heureux, il serait bien osé de
notre part de réclamer un congrès nouveau pour
établir le droit que nous désirons. Sachons, pour le
présent du moins, borner nos prétentions et nos
vœux; si nous voulons d'utiles réformes, demandons
ce qu'on peut raisonnablement obtenir. Que chaque
peuple soit donc lui-même le législateur chargé de
porter les lois que devront observer ses propres
armées en campagne.

Ah! je le sais, de nombreuses objections peuvent
être opposées à un droit ainsi établi, mais il aura du
moins cet incontestable avantage, qu'au lieu d'être fait
sans règles fixes par des hommes de guerre qui
édictent entre deux combats et dans l'irritation de la
lutte des dispositions trop souvent révoltantes, il sera
le résultat du travail réfléchi d'hommes que l'enivre-
ment de la guerre n'a pas rendus barbares et qui
délibèrent dans la paix des lois qu'inspirent la connais-
sance et le respect des grands principes du droit.

Car, il ne faut pas s'y tromper, Messieurs, le droit pénal de la guerre ne veut pas de principes nouveaux qui ne pourraient être que des déviations de ceux que la saine philosophie a déjà dégagés et que nous reconnaissons tous.

Aussi, dans cette science nouvelle, sont-ce les principes anciens dont nous devons chercher l'application, ceux que nous ont enseignés les philosophes du xviiie siècle et qui sont fondés sur ces bases inébranlables : la morale et la raison.

Cependant, si les principes sont invariables, on comprend facilement que les applications ne sauraient en être ici les mêmes que dans le droit pénal ordinaire. La nature des relations entre l'armée envahissante et les habitants, le but poursuivi, les causes et la multiplicité des délits, la nécessité d'une procédure rapide et l'intimidation qu'il faut exercer, tels sont les éléments de ces différences, éléments que nous devons sommairement examiner.

Un officier américain, publiciste distingué, le général Halleck, définit ainsi la situation des habitants des contrées envahies et occupées : « Ils sont, dit-il, virtuellement à l'état de prisonniers de guerre sur parole. » Il nous est impossible, Messieurs, d'admettre une semblable théorie. Certes, nous comprenons bien qu'il faut qu'il existe un lien, une convention tacite qui protége l'armée envahissante et l'oblige à son tour à des devoirs de protection envers les habitants, mais telle ne doit pas être, croyons-nous, la nature de ce lien. Le général Halleck suppose une sorte de reddition imaginaire, il fait des habitants des ennemis vaincus, des prisonniers, et la conséquence fatale de cette manière de voir c'est que tout acte hostile de leur part devient immédiatement une rébellion qui autorise dans les peines à appliquer une rigueur logique et nécessaire entre belligérants, ici détestable et révoltante.

Non, les habitants ne sont ni vaincus ni prisonniers, car jamais ils n'ont été ennemis. « La guerre a lieu entre les États et non entre les particuliers, » a dit Bluntschli dans son remarquable ouvrage, énonçant ainsi un principe inconnu des Grotius et des Pufendorf, mais que nous voyons si bien exprimé dans ces paroles de Portalis à l'installation du Conseil des prises : « Entre deux ou plusieurs nations belligérantes, les particuliers dont ces nations se composent ne sont ennemis que par accident; ils ne le sont point comme hommes, ils ne le sont pas même comme citoyens : ils le sont uniquement comme soldats. » Idée bienfaisante et féconde dont l'application doit localiser entre les armées les fureurs et les atrocités de la guerre. Certes la pensée qu'il existera toujours des champs de bataille, et que là du moins la civilisation découragée devra assister impuissante à ces immenses égorgements, triste fruit de l'orgueil et de l'esprit de conquête et de domination, est bien propre à faire gémir les hommes dont l'âme s'élève au-dessus des aspirations mesquines d'un patriotisme étroit; mais ces champs de bataille, ce ne seront plus des pays tout entiers; ces victimes, ce seront des combattants, des soldats, non plus d'inoffensives populations !

Et cependant, Messieurs, il existe une école qui

1.

repousse ces progrès, qui s'oppose à l'inscription dans les lois des peuples civilisés de ces principes de salut, qui, sous les couleurs d'un plus ardent patriotisme, aspire à revenir à un état qui nous ramènerait bientôt aux pratiques sauvages dont nous venons de voir en Orient les abominables excès.

Pour eux, avec l'ennemi il ne peut y avoir de convention, ni formelle, ni tacite; cet ennemi, c'est une bête féroce qu'il faut traquer, détruire et pour l'extermination de laquelle l'assassinat même est chose patriotique et sainte !

Sainte en effet est la haine de l'envahisseur et bien misérable serait celui qui verrait d'un cœur froid et indifférent les douleurs et les hontes de l'occupation étrangère; mais la noblesse du but, la patrie victorieuse et libre, autorise-t-elle l'application de cette fatale maxime : La fin justifie les moyens ?

D'ailleurs, quel serait le résultat de l'héroïque et criminelle folie qui pousserait chaque citoyen à sacrifier sa vie pour atteindre celle de quelqu'un des ennemis ? Des mesures sagement prises parviendraient bien vite à protéger les soldats de l'envahisseur; mais rien, hélas ! ne viendrait défendre d'atroces représailles les infortunés que le patriotisme aurait un instant égarés. Sans frein, sans lois pour les retenir, les soldats, irrités de ce qu'ils considéreraient à juste titre comme des crimes, s'abandonneraient à leurs passions surexcitées, et le pillage, le viol, le meurtre et l'incendie seraient la réponse à l'imprudente et fatale conduite des malheureux habitants !

Mais détournons les yeux de ce lugubre tableau dont

l'esprit moderne, plus civilisé et portant l'humanité jusque dans les armées même, a cependant adouci les plus sombres touches : rappelons-nous le principe de neutralité que nous proclamions tout à l'heure, appliquons-le et voici que tout change.

Les habitants ne sont plus des adversaires vaincus et soumis, comme le veut le général Halleck; ils ne sont plus, comme l'exigent les exaltés du patriotisme, des ennemis impuissants plutôt acharnés à leur propre perte qu'à celle de leurs adversaires; ils sont neutres. Ils sont neutres, c'est-à-dire qu'ils peuvent cultiver leurs champs, préparer les moissons et conserver ainsi à la patrie, si elle doit vaincre, non des landes dévastées et désertes, mais d'heureuses plaines et de fertiles vallées.

Ah! je le comprends, cette attitude passive, lorsque quelquefois l'existence même de la patrie est l'enjeu de la guerre, sera pour les cœurs généreux difficile à garder; souvent l'ardeur des sentiments l'emportera sur la prudence. C'est alors qu'interviendra, au lieu de la violence et de l'arbitraire, le droit spécial que nous réclamons.

Et ce droit spécial, nous sommes obligés de le reconnaître, ce qui devra le distinguer du droit pénal ordinaire, c'est une sévérité plus grande, des peines plus rigoureuses, une célérité qui diminuera certainement dans des proportions fâcheuses les garanties des accusés. Triste résultat de cette cruelle nécessité : la guerre !

Le droit, en effet, vous le savez, Messieurs, se compose de deux facteurs : les aspirations mises par

Dieu dans le cœur de l'homme, qui forment l'élément essentiel, absolu, et les nécessités extérieures qui sont l'élément contingent et perturbateur. Or, il n'est peut-être pas de branche de droit où ce second élément tienne une plus large place qu'ici.

D'un côté, dans l'état de guerre, je poursuis inflexiblement mon intérêt et dois briser ce qui s'oppose à mes desseins : il faut sauvegarder impitoyablement mon armée et parvenir à mes fins par tous les moyens que ne réprouve pas la civilisation. Nécessité d'une défense énergique.

D'autre part, je me trouve en présence de populations neutres, mais qu'il faut intimider, car cette neutralité inquiète et précaire est toujours prête à se changer en hostilité déclarée; ces hommes qui m'entourent, je ne dois pas l'oublier, les plus nobles, les plus purs sentiments les poussent sans cesse à se révolter contre ma domination. Danger grave et imminent que je ne puis conjurer que par une sévérité extrême.

Que de causes de trouble pour l'esprit! C'est partagé entre ces sentiments : l'estime le plus souvent pour ceux que je vois frapper, la nécessité d'une rigueur proportionnée à cette estime même, le but inflexible de la guerre, que je dois accomplir ma froide œuvre de législateur! Entre l'humanité et la nécessité, je dois essayer une conciliation ou exercer un choix bien difficile.

Une conciliation est-elle possible, je ne le crois pas; reste donc à déterminer quand la nécessité doit l'emporter, quand au contraire l'humanité doit demeurer maîtresse du terrain.

Un auteur, dont nous sommes loin de partager les doctrines et qui a poussé jusqu'à ses dernières limites la complaisance pour le vainqueur, M. Rolin-Jaequemyns, a abordé ce problème et l'a, d'après nous, résolu d'une façon assez heureuse. « S'agit-il d'opérations militaires proprement dites, écrit-il, ayant pour objet direct la réduction d'une force armée ou d'une position militairement défendue, c'est la loi de *nécessité* qui doit l'emporter. Cette loi peut se résumer ainsi : est légitime, sauf les prohibitions reconnues par les usages et les traités, toute mesure indispensable pour réaliser le triomphe du belligérant qui y recourt. »

« S'agit-il, et l'auteur aborde ici la question que nous traitons nous-mêmes, de mesures d'administration de police ou de répression, c'est la loi d'*humanité* qui doit l'emporter. Cette loi peut se résumer ainsi : à part les exceptions admises par les usages ou les traités, aucune atteinte à la propriété ou aux biens d'un particulier ennemi n'est justifiable si elle n'est motivée par un acte personnel d'hostilité de sa part. »

Ainsi, Messieurs, d'après un auteur qui, nous le répétons, est trop souvent dur au vaincu, c'est, dans le droit pénal de la guerre, la loi d'humanité qui doit l'emporter, loi d'humanité qui protége non seulement les personnes, mais encore leurs biens.

Et ces sentiments ne sont pas ceux d'une individualité isolée, ils animaient aussi les représentants de l'Europe réunis à Bruxelles, lorsque la conférence rédigeait ces quelques propositions sur les limites du pouvoir militaire à l'égard des personnes privées : La population d'un territoire occupé ne peut être forcée de prendre part aux opérations militaires contre son propre pays. — La population de territoires occupés par l'ennemi ne peut être contrainte de prêter serment à la puissance ennemie. — L'honneur et les droits de la famille, la vie et la propriété des individus, ainsi que leurs convictions religieuses et l'exercice de leur culte, doivent être respectés.

La propriété privée ne peut pas être confisquée. — Le pillage est formellement interdit.

Toutes ces vérités ne paraissent pas d'abord se rapporter directement à notre sujet, toutes cependant doivent dominer l'esprit du législateur.

Inique en effet serait la disposition qui punirait le refus de concours à l'envahisseur. Ce serait là porter une grave et dangereuse atteinte au principe de neutralité qui doit servir de base au droit pénal de la guerre; ce serait surtout faire œuvre immorale et blesser profondément le sentiment des malheureuses populations en les plaçant en présence de cette alternative : encourir un châtiment ou travailler à la défaite, à la ruine de leur pays!

Inique serait la peine de la confiscation qui frappe ceux qui ne sont pas coupables, inique et indigne de peuples civilisés le pillage, inique enfin toute peine qui sacrifierait, sous prétexte de répression nécessaire, ces grands principes que les plénipotentiaires n'ont fait que proclamer, mais qui se trouvaient déjà inscrits dans le cœur et la raison de tous.

Neutralité des populations, respect de leur patriotisme, personnalité des peines, tels sont donc les liens

qui doivent ici enchaîner le législateur s'il veut faire
œuvre humaine, morale et juridique. Et maintenant,
Messieurs, nous pouvons examiner ensemble le cas
qu'ont fait de ces principes, dans la guerre de 1870,
ces mêmes Allemands qui les proclament aujourd'hui.

Au commencement du siècle, une des gloires de
notre littérature, une femme, Madame de Staël, disait
du peuple allemand : « L'habitude de l'honnêteté le
rend tout à fait incapable, quand il le voudrait, de se
servir de la ruse. Il faut, pour tirer parti de l'immoralité,
être armé tout à fait à la légère, et ne pas porter en
soi-même une conscience et des scrupules qui vous
arrêtent à moitié chemin. » Puis, parlant toujours de
ce même peuple dont les hommes d'État professent
maintenant cette maxime que la force prime le droit,
l'auteur de l'*Allemagne* nous apprend que « les défauts
de cette nation, comme ses qualités, la soumettent à
l'honorable nécessité de la justice. »

Ailleurs, Madame de Staël proteste contre ce
prétendu militarisme que quelques-uns croyaient
apercevoir et déclare « que c'est sous ce rapport que
la Prusse vaut le moins, et que ce qui doit intéresser
à ce pays, ce sont les lumières, l'esprit de justice et
les sentiments d'indépendance. » — « Ils se disputent,
nous dit-elle, le domaine des spéculations, mais ils
abandonnent aux puissants de la terre le réel de la
vie. »

Quel tableau ! Messieurs, et qu'à soixante ans de
distance les Allemands se ressemblent peu ! Ne verrait-
on pas dans ces éloges autant de traits ironiques et de
sarcasmes amers ! Je ne sais si ce peuple idéal a

jamais existé; nous avons peut-être acquis le droit d'en douter quelque peu.

Madame de Staël, irritée contre l'Empire et cherchant un peuple type dont le portrait pût être pour la France un modèle et en même temps une critique, avait choisi l'Allemagne, et dès lors cette nation s'était naturellement trouvée douée de toutes les qualités qu'on voulait découvrir en elle pour les opposer à nos défauts, vrais ou prétendus. L'imagination ardente et féminine de l'écrivain n'était-elle pas d'ailleurs irrésistiblement portée vers l'enthousiasme par les conditions mêmes de ce voyage triomphal où il recueillait les impressions qu'il devait fixer et nous transmettre? Initié à l'Allemagne par les Schiller et les Gœthe qui ne la laissaient voir qu'à travers leur génie, comment rester calme et se défendre d'une admiration déréglée?

Et puis, cette erreur qui montrait à Madame de Staël un peuple philosophe et rêveur, semblant ne se nourrir que de métaphysique, d'abstractions, et « abandonner aux puissants de la terre le réel de la vie, » cette erreur n'eût-elle pas été celle de tout autre voyageur?

Nous savons maintenant ce qu'il y avait sous ces apparences sereines, nous savons quelles passions bouillonnaient et quelle en a été la terrible explosion; mais alors on cachait ses projets guerriers et c'est en secret qu'on forgeait des armes. N'en est-il pas partout ainsi, Messieurs, et ne voyons-nous pas tous les jours la ruse et l'hypocrisie dissimuler les desseins qu'on ne laissera éclater à la lumière qu'à l'heure où l'on aura le pouvoir et la force pour les faire triompher et les imposer à tous?

Mais presque toujours, en pareil cas, quelque enfant terrible vient, au grand scandale des sages et des politiques, soulever un coin du voile. Ici, Messieurs, l'enfant terrible qui devait nous peindre sous ses véritables couleurs cette Allemagne qu'une Française avait si étrangement jugée, était Allemand et s'appelait Henri Heine.

Pour lui, l'empire que convoite l'Allemagne, il nous le dit bien haut, ce n'est pas l'empire des idées, mais une puissance réelle et effective. Qu'elle devienne la maîtresse du monde, et ce sera le plus beau couronnement de la philosophie d'Hégel. On combattra donc, on combattra sans relâche, et tous les peuples devront un jour reconnaître une suprématie dont la France aura été la première victime, car on nous hait là-bas d'une haine profonde et implacable. « Prenez garde, nous répète-t-il sans cesse, on ne vous aime pas en Allemagne, vous autres Français. Ce qu'on vous reproche au juste, je n'ai jamais pu le savoir. Un jour pourtant à Gœttingue, dans un cabaret à bière, un jeune Vieille-Allemagne dit qu'il fallait venger dans le sang des Français celui de Konradin de Hohenstaufen, que vous avez décapité à Naples. Vous avez certainement oublié cela depuis longtemps; mais nous n'oublions rien, nous. Le jour venu, soyez bien sûrs que nous ne manquerons pas de raison d'Allemand. »

Et ce n'étaient pas là des menaces vaines! Cette haine, nous en avons senti le poids; ces raisons d'Allemand, nous avons appris à les connaître!

BIBLIOTHÈQUE NATIONALE
R.F.

Mais si Heine rêve et annonce une Allemagne grande et puissante, il ne veut pas que la tête en soit à Berlin. Cette Prusse qui nous a tant fait de mal, il ne peut lui-même la souffrir; il a pour elle une aversion, une antipathie invincible qu'il fait éclater partout en sarcasmes acérés d'une verve toute française. Merveilleuse et virulente satire qui flagelle « le bigotisme militaire » et maudit ce bâton de caporal que l'on trempe dans l'eau bénite avant de frapper, cette armure de fer qui perce sous le tendre et pieux manteau de Tartufe.

Ce qu'il souhaitait de tous ses vœux, mais aussi ce qu'il redoutait entre toutes choses, est arrivé, Messieurs. Une Allemagne puissante existe, mais à la discrétion de la Prusse qui l'a pour ainsi dire conquise, étend sur elle son gantelet de fer et la plie à ses desseins sans plus s'inquiéter de ses goûts, de ses aspirations et de ses principes.

C'est à elle que nous avons eu affaire en 1870.

Eussions-nous gagné à nous trouver en présence d'une autre Allemagne où la suprématie n'eût pas appartenu à la Prusse, mais à la Bavière, par exemple, au Wurtemberg ou à la Saxe? Ce serait une illusion de le croire; car il y a entre tous les teutomanes des traits communs, leur grossièreté et, comme dit Heine, « leur aversion idiote pour l'étranger. »

Mais ces défauts du moins sont-ils adoucis, tempérés par cette honnêteté nationale dont on nous parlait naguère? Des faits nombreux viendraient bien vite démentir une semblable assertion.

Bien loin de nous, certainement, l'idée de rééditer

ici ces vieilles histoires de pendules dont notre caractère français, rieur et enjoué jusque dans les plus
grands désastres, s'est un instant égayé. Un trait
cependant : Bloqué par le siége, le propriétaire d'un
de ces beaux domaines que l'on voit à quelque
distance de Paris n'était pas sans inquiétude. Il savait
son parc occupé par l'artillerie ennemie, ses bois et
jardins dévastés. Une chose le rassurait cependant ; le
château était habité par des officiers supérieurs, et ces
messieurs auraient au moins empêché tout pillage.
L'armistice survient, il sort de Paris, se hâte et arrive
juste à temps pour voir les officiers surveillant avec
le plus grand soin l'emballage régulier du dernier de
ses meubles. Les autres avaient déjà pris le chemin
de l'Allemagne. Et comme il se récrie et proteste
contre un acte pareil : « Vous êtes encore bien heureux,
lui répondent les officiers emballeurs, que votre
habitation n'ait pas été brûlée. Nous pouvions le faire,
car nous étions les maîtres ! » Étrange raisonnement
à fortiori qui permet de s'approprier ce qu'on a le
moyen de détruire et de brûler impunément !

Il y a pour certaines honnêtetés des cas où le vol
devient chose absolument permise. Telle était proba-
blement aussi l'opinion de cette blonde fiancée dont
on trouva la lettre sur un soldat mort en combattant ;
elle demandait, cette naïve jeune fille, que l'on prît
pour elle un bijou, « mais, ajoutait-elle avec une
honnêteté tout allemande, dans un endroit où il sera
permis de piller. »

Le pillage légal, et peut-être même agréable à Dieu
en ce qu'il punissait un peuple corrompu, voilà la

doctrine que beaucoup de nos ennemis pratiquaient. Singulier mélange de brigandage et de piété hypocrite qu'Escobar lui-même eût désavoué!

Et comment le sentiment de la justice et du droit aurait-il régné dans les rangs de l'armée allemande alors que les premiers, sans excepter l'empereur, attachaient leur nom à des actes et à des ordonnances où tous les principes, nous allons le voir, étaient méconnus et violés!

Un pareil caractère national avait besoin d'un frein puissant, et lorsqu'éclata le sanglant conflit de 1870 le droit pénal de la guerre n'existait pas en Allemagne. Il n'existait pas, car on ne peut donner, sans que la conscience se révolte, le nom de droit à la faculté qu'avaient les officiers de faire fusiller sans forme de procès tout étranger pris en flagrant délit d'hostilité contre l'armée.

En effet, Messieurs, on était alors sous l'empire du code militaire prussien de 1845 dont une récente ordonnance du 21 juillet 1867 avait réglé l'application. Sous cette législation draconienne et lorsque l'état de juridiction militaire extraordinaire a été déclaré, l'échelle des peines se trouve simplifiée singulièrement; un délit, quel qu'il soit, commis contre l'armée (l'énumération de la loi les comprend, on peut le dire, tous) est puni de la peine suprême. A-t-on trompé ou égaré des troupes, la mort! A-t-on volé, la mort! A-t-on détruit un pont, empêché de circuler un train, coupé un fil télégraphique, la mort et toujours la mort!

Si le coupable est Allemand, il faudra encore quelques formes, on le jugera régulièrement, sans que le tribunal puisse cependant prononcer d'autre peine que la peine capitale; mais s'il est étranger, une procédure spéciale et plus expéditive devra lui laisser bien peu d'espoir d'échapper aux balles du peloton d'exécution. Enfin, s'il y a flagrant délit, le malheureux sera fusillé sommairement, sans procédure judiciaire et sur l'ordre du premier officier dont le caprice voudra du sang !

Ajoutons que tout chef de corps et certains fonctionnaires civils conservent le droit de porter à leur fantaisie des ordonnances, des arrêtés où ils disposeront de la vie ou seulement, si l'humeur du moment est clémente, des biens des malheureux habitants qu'ils tiennent sous leur toute-puissante main.

Tel était en 1870 l'état de la législation allemande. La loi de 1845 fut dans cette triste campagne rigoureusement exécutée; quant au droit laissé aux chefs de légiférer, voyons quel usage en fut fait.

Le 15 décembre 1870 le roi Guillaume rendait, pour les gouvernements généraux de l'Alsace et de la Lorraine, un décret dont voici la première et la principale disposition : « Quiconque rejoint les forces françaises est puni d'une confiscation de ses biens actuels et futurs et d'un bannissement de dix années. »

Le reste du décret, accentuant la rigueur de l'article premier, créait contre les malheureux qu'il frappait une espèce de mort civile. Au bas de cette pièce, datée de Versailles, figuraient ces trois noms : Guillaume, de Bismark, de Roon. Triste document pour porter la signature d'un souverain !

Et d'abord quelle était la source de ce droit qu'on

s'arrogeait ici d'empêcher des Français de quitter des provinces envahies pour rejoindre l'armée nationale ? L'occupation ? Mais on comprenait si bien qu'elle était impuissante à le faire naître que l'Alsace et la Lorraine seules étaient visées, alors que, hélas ! bien d'autres provinces étaient au pouvoir de l'ennemi. La conquête ? Mais l'occupation n'est pas la conquête, et le droit international est unanime sur ce point qu'une parcelle quelconque de territoire ne cesse d'appartenir au vaincu que lorsqu'un traité régulier est venu consacrer un déchirement qu'impose une implacable nécessité. Principe singulier, mais qu'il faut bien reconnaître : le droit des gens, s'il repousse le vol à main armée, admet et approuve l'extorsion de signature, but plus ou moins avoué de presque toutes les guerres !

Mais, Messieurs, ce que nous reprochons surtout aux signataires du décret, ce qui nous paraît absolument détestable, c'est le châtiment prononcé, la confiscation, que tous les peuples civilisés ont rayée du catalogue de leurs peines et que la conférence de Bruxelles a proscrite. Il n'en est peut-être pas en effet de plus immorale, car elle n'est pas personnelle et atteint, derrière les coupables, des innocents qu'on n'a pas le droit de frapper. Nous l'avons dit déjà, les grands principes, les principes essentiels du droit, et la personnalité des peines en est un, doivent être dans le droit pénal de la guerre rigoureusement respectés ; ce respect, le roi Guillaume ne l'a pas connu, et nous pouvons maintenant comprendre la conduite de ses lieutenants.

Vers le milieu du mois d'août, après nos premiers

désastres et lorsqu'une trop grande partie de notre territoire était déjà au pouvoir des troupes allemandes, une proclamation des commandants en chef de l'armée envahissante avait été répandue et affichée dans les provinces occupées par l'ennemi. Du commencement de ce document nous ne dirons rien; il ne fait que reproduire les rigoureuses dispositions de la loi de 1845 que nous connaissons déjà; mais à la fin de ces sanglantes prescriptions nous trouvons une théorie inique, absurde même, qu'il faut bien combattre et condamner.

La proclamation ayant énuméré les nombreux délits et attentats que l'on punira tous de la peine de mort, dispose dans son troisième article : « Les communes auxquelles les coupables appartiendront, ainsi que celles dont le territoire aura servi à l'action incriminée, seront passibles dans chaque cas d'une amende égale au montant annuel de leur impôt foncier. »

A la réception de ce document, à l'interminable énumération dont le mot final, *la mort,* retentissait comme le glas funèbre de tant d'enfants de notre patrie abattue, l'indignation éclata de toutes parts et M. Leverrier s'écriait au Sénat : « Ce n'est plus une guerre régulière, mais une guerre de sauvages ! » Les motifs d'une indignation, hélas ! plus justifiée encore se présenteront à nous. Ce n'est qu'au point de vue juridique que nous voulons discuter cette proclamation des généraux en chef.

Le principe nouveau introduit ici est celui de la responsabilité des communes, responsabilité double, car elle atteint non seulement la commune dont le territoire a servi de théâtre à l'attentat, mais encore celle à laquelle appartient le coupable.

Pour démontrer ce qu'a d'inutile et en même temps d'absurde cette dernière responsabilité, il n'est pas besoin de bien longs raisonnements. Un délit est commis à Toul contre l'armée d'invasion par un habitant de Verdun; on frappe Verdun d'une amende. Nous disons que c'est absurde et injuste, car la commune de Verdun n'a et ne peut avoir aucun moyen de surveillance sur l'habitant qui l'a quittée et qui s'en va au loin commettre des méfaits. Nous disons de plus que c'est absolument inutile. En effet, vous ne retiendrez pas ainsi les coupables futurs; le lien qui les attache à leur commune est trop mince pour qu'ils se sentent atteints du coup qui la frappe; d'un autre côté celle-ci ne redoublera pas une surveillance qu'elle n'a jamais pu et ne pourra jamais exercer. Donc, responsabilité sans base, sans but et dont le seul effet possible était de faire passer dans les caisses de l'armée d'invasion les fonds des communes.

Si nous arrivons maintenant à la responsabilité de la commune sur le territoire de laquelle le délit a été commis, la question devient plus délicate. Des esprits modérés et sérieux en ont soutenu la légitimité, mais d'autres, d'une égale autorité, ont avec raison repoussé cette théorie.

Eh quoi! vous frappez une commune, c'est-à-dire tous ses habitants, pour le fait d'un seul d'entre eux! Est-il possible d'imaginer une violation plus flagrante de ce grand principe de la personnalité des peines, précieux legs de la philosophie du siècle dernier?

Je sais bien que les défenseurs de l'opinion adverse, M. Edgard Lœning entre autres, invoquent le droit romain, l'ordonnance de Blois de 1579 et plusieurs décrets de 1790 et 1791 qui auraient, d'après eux, établi des responsabilités semblables. Ils se trompent; les cas prévus par ces différents textes, et que nous ne voulons pas examiner ici, n'ont aucun rapport avec la responsabilité qui nous occupe. D'ailleurs, en eussent-ils, que nous répondrions avec M. Deloynes, le savant professeur de notre Faculté : «Si, au nom de la civilisation, on nous propose de revenir en matière pénale au droit romain et au moyen âge; si, au nom du progrès, on veut appliquer des règles admises à une époque où le droit pénal était dans l'enfance, où le principe de la personnalité des peines n'avait été ni démontré par la philosophie, ni consacré par la loi, je ne serai pas seul à repousser une pareille législation, retour à des idées vieillies, condamnées par la science et par la conscience de tous les peuples. »

Dira-t-on que la commune doit être responsable parce que ses agents, mandataires de l'ensemble des habitants, n'ont pas rempli strictement leur devoir de police? Ici encore nous répondrons : Non. Par le seul fait de l'occupation, le droit de police passe aux chefs de l'armée envahissante, qui deviennent désormais seuls responsables et qu'on ne peut réellement pas considérer comme délégués par les habitants. Et ce principe que nous invoquons aujourd'hui, c'est chez nos adversaires que nous le prenons; c'est bien lui en effet qu'appliquaient les chefs de l'armée allemande lorsque, pendant la dernière guerre, ils remplaçaient dans les pays occupés tous les commissaires de police nommés par le gouvernement français.

Sur quoi donc s'appuie la proclamation des généraux allemands? Sur rien. Comme la première, cette responsabilité des communes manque de base juridique; comme la première, elle doit être, au nom du droit, absolument repoussée.

Le droit! En analysant les ordonnances et les décrets du roi Guillaume ou de ses généraux assemblés, nous pouvions encore, au moins pour critiquer, prononcer ce mot. Cela ne nous est plus permis; nous n'avons plus à discuter, mais à citer et à flétrir.

A mesure que la personnalité de ces législateurs improvisés diminue, il semble que l'arbitraire inhumanité de leurs décisions grandisse! Nous arriverons jusqu'à l'odieux !

Voici, Messieurs, la proclamation que le général major de Wenden, qui n'est d'ailleurs ici qu'un écho, adressait le 10 décembre 1870 aux habitants des Ardennes :

« On rappelle aux habitants la proclamation suivante du commandant en chef de la deuxième armée allemande, en date du 31 août 1870 :

» Le commandant en chef de la deuxième armée allemande fait connaître derechef par le présent arrêté que tout individu qui ne fait partie ni de l'armée régulière française, ni de la garde nationale mobile, et qui sera trouvé muni d'une arme, portât-il le nom de franc-tireur ou autre, du moment qu'il sera saisi en flagrant délit d'hostilité vis-à-vis de nos troupes, sera considéré comme *traître* et pendu ou fusillé sans autre forme de procès. »

Ainsi tout franc-tireur, même revêtu d'un uniforme et marchant en corps, sera impitoyablement fusillé ! Appellez-les traîtres, mais l'Europe les appellera martyrs, et ceux qui les auront assassinés, bourreaux ! Oui, M. Leverrier avait raison, c'est bien là la façon dont les sauvages font la guerre ; mais au moins ils ont l'excuse de l'ignorance et de leur état grossier. Les Allemands, eux, sont instruits et se prétendent civilisés !

Mais le meurtre ne suffit plus, voici qu'on organise l'incendie.

« Je préviens les habitants du pays que, selon les lois de la guerre, seront responsables toutes les communes sur le territoire desquelles les délits prévus auront lieu.

» Les maires des endroits dans les environs doivent prévenir le commandant du détachement prussien le plus près sitôt que les francs-tireurs se montrent dans leurs communes.

» Selon la même loi, toutes les maisons et villages qui donneront abri aux francs-tireurs, sans que le maire donne la notice susdite, et d'où les troupes allemandes seront attaquées, seront brûlés ou bombardés.

» Les communes sont en outre responsables des dégâts causés sur leur territoire au télégraphe, chemin de fer, ponts et canaux. Une contribution leur sera imposée, et en cas de non-paiement, on les menace d'incendie.

» Boulzicourt, le 10 décembre 1870.

» *Le général major et commandant de la 3e division de réserve,* » WENDEN. »

Prescriptions abominables! Le maire de la commune, un maire français! devra, traître et délateur, prévenir l'autorité prussienne de la présence de combattants français réunis pour la défense commune et parmi lesquels il compte des amis, un frère, un fils peut-être! Il devra les livrer à leurs assassins, les pousser au devant des balles qui les attendent, et s'il ne s'abaisse pas jusque-là, s'il n'est pas le dernier des misérables et des lâches, eh bien! le village tout entier sera livré aux flammes, et ce sera le juste châtiment de la vertu de son premier magistrat!

Ah! Messieurs, celui qui a flétri son nom en l'associant à de pareilles infamies était peut-être un mathématicien habile; ce n'était pas un soldat, il n'en avait ni le cœur ni la loyauté!

Les fonctionnaires de l'ordre civil étaient-ils plus humains? Ils étaient plus barbares peut-être.

Des francs-tireurs avaient détruit dans le département de la Meurthe un pont de chemin de fer. Immédiatement le préfet allemand, comte Renard, réquisitionne à Nancy 500 ouvriers qui devront réparer le dégât, c'est-à-dire permettre aux troupes ennemies de circuler librement sur la voie ferrée. Refus légitime des ouvriers qui, conformément au principe que devait proclamer plus tard la conférence de Bruxelles, ne se croient pas obligés de favoriser par leur travail les opérations militaires de l'envahisseur.

Le préfet ne se décourage pas; avec des armes comme l'arbitraire, la violence et la cruauté, on est fort! Dans la matinée du 23 janvier 1871, il fait donc afficher sur les murs de Nancy un arrêté portant que jusqu'à ce que les 500 ouvriers requis se soient présentés, tous travaux seront interrompus. Si quelque entrepreneur ou fabricant ne se conforme pas à cette injonction, une amende de 10 à 50,000 fr. pour chaque jour de travail et pour chaque paiement opéré viendra lui rappeler de quel poids pèse la domination allemande.

Cependant les ouvriers ne se présentent pas.

Le comte Renard ira jusqu'au bout, et dans l'après-midi paraît une seconde affiche.

« Monsieur le Préfet de la Meurthe vient de faire au maire de Nancy l'injonction suivante : Si demain, mardi 24 janvier, à midi, 500 ouvriers des chantiers de la ville ne se trouvent pas à la gare, les surveillants d'abord, et un certain nombre d'ouvriers ensuite, seront saisis et fusillés sur place.

» Nancy, 23 janvier, 4 h. du soir. »

Ne commentons pas. J'ai cité, je ne pourrais maintenant qu'affaiblir l'horreur d'un pareil ordre et l'indignation qu'il doit partout soulever.

Aussi bien, Messieurs, devez-vous être fatigués de cette trop triste énumération d'actes dont l'humanité tout entière doit rougir et qui semblent se disputer la palme de l'odieux.

Je termine donc ici, Messieurs, cette étude dont le sujet ne m'a pas paru indigne de l'attention d'hommes dont la vie est, comme la vôtre, consacrée au droit, heureux si mes efforts, soutenus par une bienveillance sur laquelle je n'aurai pas en vain compté, ont pu parvenir à vous attacher à la cause que je défends.

Trop souvent, par des souvenirs de sang et d'incendie, j'ai dû blesser vos sentiments de patriotisme et d'humanité; vous me le pardonnerez, mais que ma dernière parole du moins soit un mot de consolation et d'espoir !

Devons-nous, courbant tristement la tête sous l'implacable nécessité, convenir que ces horreurs devront être toujours l'inévitable cortége de la guerre? Non, Dieu en soit loué! et les progrès accomplis sont le gage certain de ceux que l'on peut faire et que l'on fera encore !

L'Allemagne, nous l'avons dit, est entrée dans cette voie. Déjà, depuis la guerre, deux lois successives, après avoir adouci et varié ces peines qui ne pouvaient être autrefois que la mort, décident qu'aucun châtiment, fût-ce en cas de trahison de guerre commise par des étrangers, ne sera appliqué sans une décision judiciaire. Nul général, nul fonctionnaire ne pourra donc désormais, sans encourir la lourde responsabilité qui frappe ceux qui violent la loi, rétablir dans des proclamations comme celles que nous avons dénoncées à l'indignation de tous, ces exécutions sommaires qui révoltent la conscience humaine et semblent un défi porté à la civilisation !

Précieuse conquête déjà : mais quelle distance reste encore à parcourir sur cette route à peine tracée! Que de misères à adoucir, d'horreurs à atténuer !

A nous maintenant de reprendre et d'achever l'œuvre ébauchée par notre ennemi d'hier.

Vaincue sur le terrain de l'initiative, que la France, reprenant ses nobles traditions, dépasse d'un bond sa rivale et exerce la suprématie que ni revers ni malheurs n'ont pu lui arracher encore, celle de la civilisation et de la générosité!

BIBLIOTHÈQUE NATIONALE — R.F. — IMPRIMÉS

Bordeaux. — Imp. G. GOUNOUILHOU, rue Guiraude, 11.

www.ingramcontent.com/pod-product-compliance
Lightning Source LLC
Chambersburg PA
CBHW060525210326
41520CB00015B/4303